EXPLICANDO
Cómo estudiar un libro de la Biblia: Judas

DAVID PAWSON

ANCHOR RECORDINGS

Copyright ©2017 David Pawson

El derecho de David Pawson a ser identificado como el autor de esta obra ha sido afirmado por él de acuerdo con la Ley de Copyright, Diseños y Patentes de 1988.

Traducido por Alejandro Field

Esta traducción internacional español se publica por primera vez en Gran Bretaña en 2017 por
Anchor Recordings Ltd
DPTT, Synegis House, 21 Crockhamwell Road,
Woodley, Reading RG5 3LE

Ninguna parte de esta publicación podrá ser reproducida o transmitida de ninguna forma o por ningún medio, electrónico o mecánico, incluyendo fotocopia, grabación o ningún sistema de almacenamiento o recuperación de información, sin el permiso previo por escrito del editor.

**Si desea más de las enseñanzas de David Pawson,
incluyendo DVD y CD, vaya a
www.davidpawson.com**

**PARA DESCARGAS GRATUITAS
www.davidpawson.org**

**Si desea más información, envíe un e-mail a
info@davidpawsonministry.com**

ISBN 978-1-911173-61-8

Este libro está basado en una charla. Al tener su origen en la palabra hablada, muchos lectores encontrarán que su estilo es algo diferente de mi estilo habitual de escritura. Se espera que esto no afecte la sustancia de la enseñanza bíblica que se encuentra aquí.

Como siempre, pido al lector que compare todo lo que digo o escribo con lo que está escrito en la Biblia y, si encuentra en cualquier punto un conflicto, que siempre confíe en la clara enseñanza de las escrituras.

David Pawson

EXPLICANDO
Cómo estudiar un libro de la Biblia: Judas

Judas es una carta ignorada, pero importante
Lo primero que hay que hacer con esta carta de Judas, como toda otra carta, es leerla. Es una de las cartas más cortas del Nuevo Testamento, y una de las más importantes. Es, también, una de las más ignoradas.

Haré algo inusual ahora. No le daré el fruto de mi estudio, que están en el libro que escribí sobre Judas. Más bien, voy a llevarlo de vuelta a mi estudio, cuando leí por primera vez esta cartita y prediqué por primera vez sobre ella, y compartiré con usted mis pensamientos mientras preparaba esta carta para mi congregación. No la había leído antes. Como la mayoría de los cristianos, la había ignorado. De hecho, difícilmente alguien cite un solo versículo de esta breve carta. ¿Se dio cuenta de esto? Es todo nuevo, todo extraño para nosotros, y hay partes que son muy extrañas.

La primera vez que leo un libro, no lo hago una sola vez. Tal vez lo lea diez veces, y siempre tengo al lado un papel en blanco y una lapicera, y escribo todo lo que se me ocurre mientras lo leo una y otra vez. Aquí están algunas de las notas que hice entonces. Noté que este escritor tiene el hábito de escribir en grupos de tres, de cuatro, de cinco y de seis. Se repite constantemente de diferentes formas. Por ejemplo, en un versículo apela a Caín, a Balán y a Coré, y en tres ocasiones apela a alguien en el Antiguo Testamento para extraer una lección. Luego, a veces mezcla sus metáforas. Hay un versículo que tiene cuatro metáforas diferentes. Las metáforas tienen que ver con nubes, árboles, olas del mar y estrellas. Obviamente había estudiado la naturaleza y, como su Señor previamente, podía extraer lecciones de la naturaleza. Pero saca cuatro lecciones diferentes de la naturaleza en el mismo versículo. Luego hablaba en grupos de cinco y de seis. Aquí tenemos un hombre que no tiene problemas con mezclar sus metáforas o repetirse para decir algo.

No todas las citas de Judas vienen de la Biblia
Lo siguiente que escribí es que algunas de las cosas que él cita no se encuentran en la Biblia. ¿Dónde leemos en la Biblia acerca de un arcángel discutiendo con el diablo por el cuerpo de Moisés? No está en mi Biblia, así que ¿de dónde lo obtuvo? Y luego habla de ángeles encerrados en oscuros calabozos por mucho tiempo. ¿De dónde sacó esto? Después menciona a Enoc.

Ahora bien, lo único que sabía de Enoc era que salió a hacer una caminata tan larga con Dios que un día le dijo: "Es demasiado lejos para que vuelvas a casa, así que mejor ven a vivir conmigo". "Y como anduvo fielmente con Dios, un día desapareció porque Dios se lo llevó". Una hermosa manera de partir, pero no demasiado linda para los parientes. Pero eso era todo lo que sabía acerca de Enoc. ¿Sabía usted algo más? ¿Sabía que fue el primer profeta en advertir al pueblo acerca del juicio de Dios? Y tuvo un hijo llamado Matusalén, un nombre extraño que significa 'cuando muera, ocurrirá'. ¿Se imagina a Matusalén yendo a la escuela, y el primer día, cuando la maestra le pregunta el nombre, contesta: "Cuando muera, ocurrirá"? Es un nombre extraño para un niño. Sin embargo, Enoc creía firmemente que, el día que su hijo muriera, vendría el juicio de Dios. Y fue exactamente lo que ocurrió. Esta es la razón por la que Matusalén vivió más que ninguna otra persona: 969 años. Eso le habla de la asombrosa paciencia de Dios. Esperó casi mil años antes de juzgar esa generación, y dicho y hecho, el día que Matusalén, el hijo de Enoc, murió, comenzó a llover. Y no dejó de llover hasta que se produjo un diluvio gigantesco que eliminó a toda una generación. El bisnieto de Enoc fue un hombre llamado Noé, que construyó un arca en el medio del país, a muchos kilómetros del mar. Todo se debió a la profecía de Enoc. Sin embargo, Enoc no aparece en la Biblia como un profeta, y nada de lo que dijo se encuentra en la Biblia. Pero aquí está, en Judas. ¿De dónde lo sacó? Así que hice una nota en la hoja para buscar la fuente de toda su información. Por supuesto, parte vino del Antiguo Testamento, pero no todo.

Después noté que no había casi ninguna "cita citable" en esta cartita de Judas. ¿Alguna vez escuchó que alguien la citara desde el púlpito? ¿O que la citaran cristianos? Las únicas dos citas que había escuchado eran algo en el principio acerca de defender la fe dada una vez a los santos, y algo al final —"aquel que es poderoso para guardaros sin caída"— que en el pasado era usado frecuentemente como una bendición al final de un culto. Nunca escuché nada citado entre esas dos partes. Es una cartita extraña.

La búsqueda de respuestas a preguntas planteadas por Judas

Así que, después de haber escrito tantas cosas que tenía que averiguar, comencé a hacer algunas preguntas muy básicas. Primero: ¿quién era este sujeto, Judas? Tiene que haber sido una de dos cosas. Las cartas y los libros del Nuevo Testamento han llegado hasta nosotros solo porque sus escritores eran personas destacadas en la iglesia primitiva, ya sea porque eran uno de los apóstoles o porque eran un familiar directo de Jesús. Este último es nuestro caso. Era un hermanastro de Jesús porque, después que nació Jesús, María tuvo por lo menos seis hijos más. Sabemos los nombres de los cuatro varones, y sabemos que ellos tenían "hermanas" —o sea, por lo menos dos—, de modo que María tuvo por lo menos seis hijos después que lo tuvo a Jesús. Uno de ellos se llamaba Santiago, y escribió una carta en el Nuevo Testamento que no está muy lejos de ésta, apenas unas hojas antes.

¿Por qué no dijo que era un hermano o un hermanastro de Jesús? Bueno, tiene que haber recordado con vergüenza cómo los hermanos de Jesús no creían en él, y cómo se burlaban y mofaban de él hasta después de la resurrección. Después le ocurrieron cosas aun a los hermanos de Jesús. En realidad, de los doce apóstoles por lo menos cinco eran familiares de Jesús. ¿Se había dado cuenta de esto?

Jesús tuvo un impacto asombroso, primero sobre su propia familia, antes que nadie más. Por eso había tantos de ellos en la boda de Caná de Galilea, donde realizó su primer milagro. Estaban ahí porque eran familiares, parte de la familia más grande de Jesús. Así que cinco de los apóstoles eran familiares suyos, sus primos. Pero ninguno de sus hermanos lo acompañó. Solo después de que resucitó. Y entonces confesaron con vergüenza que habían estado completamente equivocados. Es que habían vivido con él muchos años. Uno puede entender por qué no creyeron que fuera algo más que un hermano mayor. Pero entonces se dieron cuenta de que habían estado caminando con el Hijo de Dios, y eso los hizo sentirse tan humillados que ninguno dijo que era hermano de Jesús después. Santiago no lo dijo, y Judas tampoco. Simplemente dijeron que eran esclavos de Jesucristo. Él los había comprado. Ahora bien, algo tenía que haber ocurrido a esos hermanos para que asumieran una actitud tan humilde. Esta es, entonces, la persona que escribió la carta.

Mi segunda pregunta fue: ¿quiénes la leyeron? La respuesta es que no tenemos la menor idea, ya que no tiene un nombre ni un lugar; no hay nombres de personas. Es casi como si Judas estuviera haciendo lo imposible para mantener a sus lectores anónimos y no avergonzarlos en público, porque algo malo estaba ocurriendo entre ellos.

Así llegamos a la tercera y más importante pregunta de todas: ¿por qué escribió esta carta? Tiene que haber habido una razón importante. Por cierto, nos dice cuál era esa razón. Dice que estaba *ansioso* por escribirles acerca de la salvación que compartían, pero que les escribía a regañadientes porque tuvo que cambiar la carta. Algo estaba ocurriendo entre ellos que lo hizo escribir otro tipo de carta. ¡La correspondencia corresponde! ¿A qué me refiero? Quiero decir que, cuando leemos una carta, es como un lado de una conversación, y tenemos que adivinar cuál es el otro lado.

¡Estos molestos celulares! ¿Alguna vez se sentó en un tren o en un autobús, con alguien al lado hablando fuerte por un celular, sin saber lo que está diciendo la otra persona? Tiene que adivinar a qué corresponde. Suponga que estoy hablando por teléfono en un autobús y digo: "Hola, ¿ya llegó? Llegó. Felicidades. ¿Cuánto pesa? ¿Y de qué color es? ¿Es a gasolina o diésel?". Ahora, como verá, su cerebro ha estado tratando de descubrir lo que ocurría en el otro extremo, y por un momento tuvo una impresión equivocada. Pensaba que se refería a un bebé, hasta que pregunté de qué color era, y su mente se trastornó. Pero es lo que uno hace cuando lee una carta. Algo estaba ocurriendo en el otro extremo, y usted tiene que compaginarlo, hacer un poco un detective y averiguar qué ocurría que hizo que Judas les escribiera una carta a regañadientes. La respuesta es bastante inquietante, ya que dice que había hombres que se había introducido subrepticiamente en su comunidad, y la iban a destruir. Se habían colado tal vez sin darse cuenta, posiblemente de uno por vez, y habían venido con una falsa enseñanza. Y no hay nada que destruye a una iglesia más rápidamente que personas que vienen con una enseñanza errónea. Note que no estas personas habían comenzado la iglesia, sino que habían entrado y se habían apropiado de ella. Esa es una de las marcas de los falsos maestros: en vez de hacer su propio trabajo, intentan apropiarse del trabajo de otros. Tenga cuidado cuando ocurra esto.

La primera falsa enseñanza: gracia barata
Estos hombres habían entrado y tenían dos enseñanzas erróneas fundamentales. La primera era acerca de la gracia de Dios. ¿Puede haber una enseñanza errada acerca de esto? Sí, es posible. La segunda era acerca de Jesucristo mismo. ¿Qué estaban enseñando que estaba mal? Lo primero que estaban enseñando era lo que llamamos "gracia barata" o aun ha sido llamada "gracia gratuita". Es la idea de que Dios tiene una actitud de tanta gracia hacia nosotros que en realidad no importa cómo somos ni lo que hacemos. Él nos ama y perdonará todo nuestro pecado. ¡Es gracia barata!

Acabo de venir de Singapur, y sentí que debía ir deliberadamente para cuestionar una falsa enseñanza que se está difundiendo en todo el mundo por Internet. También viene de Canadá, pero la principal fuente de esta idea de la gracia estaba en Singapur, y pedí a Dios en oración que abriera una puerta para que fuera y contrarrestara esa enseñanza que he encontrado en todas partes (por ejemplo, en Sudáfrica), y que está destruyendo iglesias. Enseña que la gracia siempre está presente, y que el perdón es incondicional. Esto significa que no hay ninguna necesidad de arrepentimiento, que uno puede tener los pecados perdonados sin arrepentirse de ellos. Esta enseñanza también dice que, cuando uno viene a Cristo, todos sus pecados *futuros* son perdonados, además de los pecados pasados. Así que los cristianos nunca necesitan confesar pecados, a pesar de ese versículo en 1 Juan que dice que, si pecamos y confesamos nuestros pecados, él es fiel y justo para seguir perdonándonos nuestro pecado. Pero estos maestros dicen que esto no es para los cristianos.

Aquí hay, entonces, una enseñanza que dice que, apenas uno es salvo, no importa lo que haga de ahí en adelante, porque la gracia cubrirá su pecado; ya está perdonado. No hay nada más para perdonar y, por lo tanto, "una vez salvo, siempre salvo". Uno está absolutamente seguro de que irá al cielo. Fui a Singapur, donde se me dio la oportunidad de hablar acerca de la gracia, como *el favor inmerecido de Dios, pero no como perdón incondicional*. Ésa era una cosa que estaba siendo enseñada aquí, en la situación de Judas, dos mil años atrás. La gracia cubriría todos los pecados: pasados, presentes y futuros. Así que nada podría separarlo del amor de Dios debido al pecado. Ésa es una cosa.

La segunda falsa enseñanza: Jesús no es único

La segunda cosa que estaban enseñando era que Jesucristo no es el único Salvador y Señor. Por lo tanto, estaban cuestionando el carácter único de Cristo. Fue otro tema en el que me concentré en Singapur. Me concentré en la gracia y el carácter único de Cristo. Pero ahora vivimos en un país donde se enseña la religión comparada en las escuelas. Se les enseña a los niños pequeños que está Jesús y su religión, Mahoma y su religión, Confucio y la suya, y Buda y la suya. En consecuencia, con este asunto de la religión comparada, que compara a Jesús con otros fundadores de religiones, la gente tiene la idea de que todas las religiones son prácticamente lo mismo, y elegir una es una cuestión de preferencia personal. Era algo que se enseñaba en la situación de Judas: que Jesús no era el único Salvador y Señor. No era único. Era uno entre varios.

La falsa enseñanza es un cáncer en el cuerpo de Cristo
Ahora bien, estas dos cosas eran errores fatales. Eran un cáncer en el cuerpo de Cristo, y el cáncer tiende a diseminarse y afectar a diferentes órganos, anulándolos de forma que ya no puedan comportarse como Dios quiso que lo hicieran. La falsa enseñanza de este tipo es un cáncer en el cuerpo de Cristo, y tarde o temprano lo destruirá. La verdad es que nadie nunca pudo destruir a la iglesia desde afuera. Cuando la iglesia se ve confrontada desde afuera con la persecución, crece, tanto en calidad como en cantidad. He viajado por todo el mundo, y voy a países donde la iglesia está creciendo y volviéndose más fuerte y más grande. Sin embargo, están bajo una gran presión. Vuelvo a la pequeña y vieja Inglaterra, donde hay muy poca presión sobre la iglesia, y nos estamos muriendo. Si quiere encontrar una iglesia saludable, vaya a un país donde la iglesia esté bajo presión desde afuera. Casi parece que la iglesia crece con la sangre de los mártires: "la sangre de los mártires es la semilla de la iglesia". Cuanta más oposición hay a la iglesia desde afuera, más cristianos de calidad tendrá adentro. Por lo tanto, habrá más cantidad como consecuencia. Pero, donde hay indiferencia desde afuera, la iglesia se vuelva autosatisfecha y cómoda.

   El diablo lo sabe, así que, si quiere destruir una iglesia, tiene que hacer que entren personas en la iglesia y la destruyan desde adentro, cuestionando la fe encomendada una vez por todas a los santos. Hay muchísimas iglesias, aun en este país, que han muerto por falsas enseñanzas que entraron y cuestionaron la fe que ha sido una vez dada a los santos, que podemos encontrar en la Biblia. Fue puesta por escrito para nosotros. Éste es el sentido de estudiar la Biblia, es decir la fe encomendada una vez por toda a los santos. Y no hay otra. Por cierto, Pablo dice que, si alguien viene a su iglesia y predica otro evangelio, hay que maldecirlo: "sea anatema". Significa maldecirlo. Era lo que acostumbraba decir Pablo cuando ocurría esto.

Los falsos maestros están corrompidos y condenados
Volvamos a la epístola de Judas. Judas dice de estos hombres que se han introducido subrepticiamente con dos falsas enseñanzas, que su condenación fue escrita mucho tiempo atrás. Comienza su carta señalando dos cosas. Por un lado, la corrupción que están introduciendo en la iglesia. Por otro, la condenación que fue escrita contra ellos mucho tiempo atrás. Apela a esos escritos para demostrar lo que quiere decir, que su condenación está sellada. Mire por favor la tabla de abajo, titulada "Judas". Hay dos cosas que se destacan en la sección principal de esta pequeña carta (vv. 4-19). Primero, su corrupción. Segundo, su condenación, que fue escrita mucho tiempo atrás.

JUDAS

INTRODUCCIÓN (1-4a)
Habitual   – Remitente, destinatarios, saludo
Inhabitual – No escribió acerca de la salvación compartida
           – Escribió acerca de luchar por la fe
Razón   – Infiltración (se colaron en secreto) = A1
           – Condenación (escrita mucho tiempo atrás) = A2

A. APRENDER DEL PASADO (4-19)
    1. SU CORRUPCIÓN
        a. Credo (3-4)
        b. Conducta (8)
        c. Consideración (10)
        d. Carácter (12-13)
        e. Conversación (16)
        f. Compulsión (19)
    2. SU CONDENACIÓN
        a. Retribución (5-7)
        b. Respeto (9)
        c. Rebelión (11)
        d. Revelación (14-15)
        e. Ridículo (17-18)
B. VIVIR EN EL PRESENTE (20-23)
    1. USTEDES (20-21)
        a. Edificación
        b. Petición
        c. Sumisión
        d. Expectativa
    2. OTROS (23)
        a. Vacilantes
        b. Díscolos
        c. Malvados
C. MIRAR EL FUTURO (24-25)
    1. EL DIOS CAPAZ (24)
        a. De impedir que caigan
        b. De presentarlos sin tacha
    2. EL DIOS ÚNICO (25)
        a. Su soberanía
        b. Su eternidad

Lo que son
Lo que creen ⟶ **Resultados**
Lo que los motiva

A. APRENDER DEL PASADO (3-19)

1. SU CORRUPCIÓN

a. CREDO (3-4)
   i. Gracia – Licencia para inmoralidad
   ii. Cristo – señorío negado

b. CONDUCTA (8)
   i. Contaminan propios cuerpos
   ii. Rechazan autoridad
   iii. Injurian ángeles

c. CONSIDERACIÓN (10)
   i. No entienden, así que abusan
   ii. Entienden, como animales

d. CARÁCTER (12-13)
   i. Nubes pasajeras – sequía
   ii. Árboles infructuosos – muerte
   iii. Olas espumantes – desechos
   iv. Estrellas fugaces – oscuridad

e. CONVERSACIÓN (16)
   i. Quejosos, criticones
   ii. Siguen sus propios deseos
   iii. Se jactan de ellos mismos
   iv. Halagan para su provecho

f. COMPULSIÓN (19)
   i. Divisivos
   ii. Siguen instintos naturales
   iii. No tienen el Espíritu

2. SU CONDENACIÓN

a. RETRIBUCIÓN (5-7)
   i. Generación del Éxodo
   ii. Ángeles caídos
   iii. Sodoma y Gomorra
   (escrituras)

b. RESPETO (9)
   i. Arcángel Miguel
   ii. Diablo
   (tradición)

c. REBELIÓN (11)
   i. Caín
   ii. Balán
   iii. Coré
   (escrituras)

d. REVELACIÓN (14-15)
   i. Profecía de Enoc
   ii. Juicio venidero
   (tradición)

e. RIDÍCULO (17-18)
   i. Advertencia del apóstol
   ii. Burlones
   (escrituras)

La estructura de la carta: pasado, presente y futuro
Consideremos toda la carta primero. Cuando estudio un libro de la Biblia, quiero ver la estructura, la forma que tiene, y no puedo seguir avanzando hasta ver la estructura y hacia dónde se dirige el autor. Mientras leía esta pequeña carta una y otra vez, vi que tiene tres secciones. La primera sección tiene que ver con el pasado, la segunda, con el presente, y la tercera, con el futuro: una forma o estructura muy sencilla para la carta. Después de todo, éstas son tres partes diferentes de nuestra existencia. Todos tenemos un pasado, todos tenemos un presente y todos tenemos un futuro, pero tenemos actitudes diferentes hacia cada uno. Tiene que ser así, porque son diferentes. Ninguno de nosotros puede cambiar el pasado. Aun Dios mismo no puede cambiar el pasado una vez que ha ocurrido. Él es Todopoderoso, puede hacer cualquier cosa, pero no puede cambiar el pasado. ¡Aleluya por esto! Nadie puede volver a poner a Jesús en la tumba. Ha ocurrido, ha concluido, es pasado. La única cosa que uno no puede hacer con el pasado es cambiarlo, pero lo que puede hacer es aprender de él. Ése es todo el sentido de estudiar historia: averiguar lo que ya ocurrió.

Por eso escribí un libro sobre la historia de la iglesia, porque encuentro que la mayoría de los cristianos no tienen idea dónde ha estado la iglesia durante dos mil años. Por lo tanto, no podemos aprender de los errores o los éxitos. Simplemente no los conocemos. Espero que usted esté dispuesto a estudiar la historia de la iglesia. Si le parece demasiado difícil o académico, puedo recomendarle mi libro, llamado *Where has the Body been for Two Thousand Years?* (¿Dónde ha estado el cuerpo durante dos mil años?). Es un relato sencillo de lo que ocurrió a la iglesia desde el ministerio terrenal de Jesús. Tenemos que saberlo, porque la mayoría de los errores que cometemos hoy ya han sido cometidos por la iglesia en el pasado, y podemos aprender de ellos, pero también podemos aprender de sus éxitos.

Cuando di esas charlas sobre la historia de la iglesia originalmente en la iglesia de Guildford, terminamos cada noche cantando himnos de esa era. Encontré himnos cristianos de cada cien años durante los últimos dos mil años, la mayoría de los cuales conocíamos, sin darnos cuenta de dónde venían. Fue un verdadero ejercicio de devoción cristiana cantar las canciones sobre Jesús que habían sido escrito a lo largo de dos mil años. Es muy refrescante hacer eso, en vez de limitarnos a aprender canciones de los últimos seis meses. Obtener las riquezas de la devoción de cristianos a lo largo de los siglos, cantando con ellos, es un verdadero lujo.

Aprendemos del pasado, pero tenemos que vivir en el presente, y especialmente un presente que ha sido influido por el pasado. Tenemos que convivir con el presente, con las diferentes denominaciones, la mayoría de las cuales comenzaron mucho tiempo atrás. El Ejército de Salvación salió del metodismo. El general Booth era un ministro metodista. Y no importa a qué iglesia pertenezca usted, a menos que sea de un origen muy reciente, está heredando tradiciones del pasado. Pero tiene que vivir con esas tradiciones en el presente, y no habría divisiones tan profundas dentro de la iglesia de Cristo si todos supiéramos de dónde vinieron las divisiones, y de dónde heredamos nuestras tradiciones.

Así que, aprender del pasado y vivir en el presente. En cuanto al futuro, no podemos hacer nada al respecto, excepto dirigir nuestra atención a él. Miramos al futuro y aplicamos nuestra imaginación para explorar el futuro, pero no podemos cambiarlo todavía hasta que estemos en él. Así que tenemos una actitud diferente hacia el pasado, el presente y el futuro, y todo esto aparece en esta cartita. La primera parte importante de la carta es lo que aprendemos del pasado. Luego el autor tiene que encarar el problema de la situación con la que aún están conviviendo, que todavía está ocurriendo, y qué harán para enfrentarla. ¿Qué deberían estar haciendo al respecto? Luego, finalmente, para levantar sus espíritus, dice: miren conmigo hacia el futuro, levanten su mirada sobre todo esto, fijen sus ojos en Dios y en lo que él puede hacer, y saquen su mirada de todos estos falsos maestros. Si se centran demasiado en seres humanos, se meterán en problemas. Alcen los ojos. Cuando la perspectiva sea mala, ¡prueben la alternativa! Significa alzar los ojos al Dios que era, que es y que vendrá. Él es el Dios del pasado, del presente y del futuro. Esto aparece en la tercera sección de la carta.

Aprender del pasado (4-19)
Su corrupción
Vayamos ahora a la primera parte de la carta: aprender del pasado. He separado la enseñanza sobre la corrupción y la condenación de estos hombres aunque, como veremos, Judas ha entretejido ambos aspectos de manera muy ingeniosa. Pero mirémoslos por separado. Hay seis cosas en la iglesia que serán corrompidas por la presencia de falsos maestros. Primero, su *credo* será corrompido; lo que creen cambiará. Segundo, su *conducta* será corrompida, porque lo que creemos afecta la forma en que nos comportamos, y si creemos algo erróneo no pasará mucho tiempo antes que estemos comportándonos de una forma errónea. Tercero —y perdonen mi aliteración aquí—, sus *consideraciones* serán corrompidas; significa la forma en que pensamos, la forma en que vemos la realidad. Estos hombres corromperán la forma en que pensamos. Cuarto, nuestro *carácter* será corrompido. Nuestro carácter es la suma total de la forma en que hemos vivido —"siembra una acción y cosecha un hábito; siembra un hábito y cosecha un carácter"—, y si las cosas están mal al principio, nuestro carácter será corrompido. Es así como el cáncer se esparce en el cuerpo de Cristo. Luego se difundirá

a nuestra *conversación*; la forma en que nos hablamos se verá afectada. Y, finalmente, nuestra *compulsión*, nuestra motivación se verá afectada; lo que nos impulsa a hacer lo que hacemos, será cambiado.

El cáncer se difundirá a través de estas seis cosas. Todas se mencionan en el libro de Judas. Una tras otra se ve contaminada por esta falsa enseñanza, y simplemente sigue hasta que se extiende y significa la muerte del cuerpo. Dice Judas que su condenación fue escrita mucho tiempo atrás, así que apelará a los escritos que conoce de tiempo atrás. Hay dos de estos escritos a los que puede apelar. Por un lado, están las escrituras, el Antiguo Testamento, lo que conocemos como la Palabra de Dios. Por otro, está la tradición judía, que no es todo buena o mala necesariamente. Es claro que hay parte de ella que Judas considera buena y verdadera. De esta forma, el Nuevo Testamento toma en cuenta las tradiciones judías.

Sus condenaciones
Notamos que, en las cinco condenaciones de escritos de tiempo atrás, tres son de las escrituras y dos de la tradición. He analizado la estructura de esta primera sección, versículos 3-19, para mostrarle que Judas alterna. Alterna entre su corrupción y su condenación; esa es la estructura. Es una estructura asombrosa, una vez que uno la nota, una vez que la ve. Entonces nota que Judas alterna en el lado de la condenación: primero cita de las escrituras, luego de la tradición, luego de las escrituras nuevamente, luego de la tradición nuevamente, y finalmente de las escrituras otra vez. Toda esta cartita está armada con mucho cuidado. Es muy complicada en su estructura, pero clara. Dice que ellos corrompen el credo de ustedes, y esto es lo que les ocurrirá a ellos según las escrituras. Corromperán la conducta de ustedes, y esto es a lo que llevará de acuerdo con la tradición.

Recorre las seis corrupciones, y cada vez dice "y esto es lo que ocurre" como resultado de esa corrupción a las personas que la causan. Por lo tanto, se está refiriendo constantemente al juicio de Dios.

Veamos, entonces, esta primera sección con algo más de detalle. La primera cosa corrompida es su *credo*, lo que creen. Les dije que una falsa creencia de estos maestros era que la gracia era una licencia para la inmoralidad. Pablo había encontrado lo mismo: "¿Perseveraremos en el pecado para que la gracia abunde?". Es el mismo problema. Si uno exagera la gracia, abre la puerta al pecado. Si entiende mal la gracia, entrará el pecado, y el señorío de Cristo es negado.

El ejemplo de la generación del Éxodo
Ahora apela a las escrituras y el juicio de Dios de tres formas. Primero, la generación del Éxodo. Dos millones y medio de personas salieron de Egipto; dos entraron a Canaán. ¿Qué ocurrió con el resto? Murieron en el desierto. ¿Por qué? Podrían haber llegado a Canaán en menos de dos semanas, después de salir de Egipto. Era un viaje de solo catorce días a Canaán, y podrían haber entrado. Pero, cuando llegaron a la frontera enviaron espías —doce, uno de cada tribu— y, cuando volvieron, diez dijeron que era inútil, que nunca entrarían. Por un lado, había muros enormes rodeando las ciudades que las hacía inexpugnables. Dijeron que nunca podrían destruir esos muros. Por otro lado, las personas del lugar eran más altas que ellos. De modo que diez de los doce espías dijeron que nunca entrarían. Vino la palabra del Señor y dijo: "el Señor los llevará en sus hombros, y mirarán por encima de los muros, y por su poder, gritando '¡Aleluya!', los muros pueden derrumbarse". Cuarenta años después, encontraron que fue lo que sucedió con Jericó. Los muros no fueron ninguna barrera para Dios. Sobre los hombros de Dios, ellos eran gigantes. Miraban a los cananeos desde arriba.

Recuerdo pasear sobre los hombros de mi papá de niño, y cómo miraba a los demás desde arriba. Ahí, sobre sus hombros, era el más alto de todos. Es así como deberían haberse sentido si hubieran seguido creyendo en el Dios que los sacó de Egipto y ahogó al ejército egipcio en el Mar Rojo. Si no hubieran dejado de creer, habrían visto la Tierra Prometida en menos de dos semanas. Sin embargo, vagaron por el desierto cuarenta años. Dios los mantuvo fuera de la Tierra Prometida y, cuando finalmente entraron, solo había dos de los que habían salido originalmente de Egipto. Eran los dos espías que habían dicho que Dios los acompañaría, que Dios los haría entrar. Uno de ellos fue Josué. Esto fue lo que les sucedió. En otras palabras, los que dejaron de creer tuvieron que pasar cuarenta años de tiempo perdido en el desierto, y murieron antes de ver la Tierra Prometida. ¡Qué lección, escrita tiempo atrás, para esas personas que habían venido con una nueva enseñanza que no era la fe con la que habían empezado!

El ejemplo de los ángeles caídos
Luego aparecen los ángeles caídos que dejaron su lugar. Esto es una referencia a Génesis 6. Dios había hecho la vida en tres niveles: ángeles, humanos, animales. Lo que Dios había prohibido eran las relaciones sexuales entre cualquiera de esos niveles, ya sea entre ángeles y humanos o entre humanos y animales. Hay una clara prohibición bíblica de esta clase de sexo. Sin embargo, en Génesis 6 los ángeles descendieron y vieron mujeres humanas, tuvieron sexo con ellas y produjeron algo así como una especie híbrida que la Biblia llama *nefilim*, que suele traducirse como "gigantes", pero no sabemos. Era una especie que nunca estuvo en los planes de Dios, mitad hombre y mitad ángel. De igual forma, si lee Levítico verá que, cuando los hombres tienen sexo con animales, es algo que es completamente contrario a la voluntad de Dios para ellos.

Es algo que Dios ha claramente prohibido. Pero los ángeles rompieron esa prohibición, y los hombres la rompieron, y aún lo están haciendo hoy. Esos ángeles dejaron su lugar. Sabemos que eran unos doscientos y ocurrió en la zona alrededor del monte Hermón. Fue allí donde tuvieron el sexo ilícito. Fue entonces que se introdujo el ocultismo en la raza humana. Los ángeles lo introdujeron. Habían dejado su lugar y habían traído el peor aspecto de lo sobrenatural con ellos. De ahí en adelante la raza humana comenzó a inmiscuirse en el ocultismo, y la gente aún lo está haciendo hoy.

Esos doscientos ángeles fueron encarcelados. ¿De dónde obtuve toda esta información? No de la Biblia, sino en realidad del libro de Enoc, que es la fuente de algo que aparece más tarde.

El ejemplo de Sodoma y Gomorra

El tercer ejemplo que da Judas de su condenación es Sodoma y Gomorra, que no fueran las únicas dos ciudades. Había cuatro ciudades en el valle del Jordán, al sur de mar Muerto, que estaban entregadas a las inmoralidades sexuales. Igual que estos maestros entrometidos. Debían ver lo que ocurrió con Sodoma y Gomorra. Fueron consumidos con algún material inflamable en la tierra debajo de ellas. Tenemos registros en la historia judía de que el fuego de Sodoma y Gomorra aún estaba ardiendo en el tiempo de Jesús, dos mil años después. Cualquier persona en Jerusalén podría salir a caminar quince minutos al desierto de Judea y, si miraba hacia el sur, vería el humo de Sodoma y Gomorra. El pasaje menciona el fuego eterno.

El ejemplo del arcángel Miguel

Después, la *conducta* de usted se verá corrompida, porque está corrompida la de ellos. Ellos contaminan sus propios cuerpos, rechazan toda autoridad fuera de ellos, e injurian a los ángeles. Judas enfrenta todo eso con apelaciones no a las escrituras, sino a la tradición judía, donde el arcángel Miguel disputó con el diablo sobre quién debería enterrar a Moisés. Como sabemos, Moisés murió afuera de la Tierra Prometida. Murió a la vista del lugar, sobre el monte Nebo, pero no se menciona ningún entierro, y jamás se descubrió una tumba. Entonces, ¿qué ocurrió con el cuerpo de Moisés? La respuesta es que un ángel fue enviado para enterrar a Moisés. Su nombre era Miguel, el ángel principal. Fue a enterrar a Moisés y encontró, parado sobre el cuerpo de Moisés, a Satanás mismo. Satanás dijo que el cuerpo era de él porque Moisés era de él. En vez de reprenderlo, en vez de discutir con él, el más importante de los ángeles dijo: "El Señor te reprenda". Él no iba a reprenderlo. Tenía tanto respeto por los ángeles y por Moisés que no discutió con el diablo. Dijo: "Que el Señor se encargue de ti". Esa es la actitud correcta, que estos falsos maestros no tenían.

Luego tenemos la forma que pensaban, su *consideración*. Dice "estos hombres". Note que dice "estos" y "aquellos" todo el tiempo. "*Estos* son los hombres que los están infiltrando, ésas son las personas que en el pasado hicieron lo mismo. ¿Y qué les ocurrió?". Ahora dice que "estos", todo lo que no entienden, lo insultan. Si no pueden entender algo, tienen que burlarse. Esto es una falla muy frecuente en los humanos. Si hay algo que no entendemos, lo insultamos, decimos cosas en su contra que son necias, porque no entendemos. Y no solo insultaban lo que no entendían, sino que había cosas que entendían. Pero, como animales irracionales que se manejan por el instinto, lo que entendían lo entendían mal, por "instinto animal". Su condenación, entonces, estaba escrita en las vidas de tres personas del Antiguo Testamento: Caín, Balán y Coré. Si usted conoce el Antiguo Testamento, sabrá lo que hicieron. Ellos también se rebelaron en contra de cosas que no entendían.

Los ejemplos de Caín, Balán y Coré

Caín, como sabrá, mató a su hermano por envidia. El primer asesinato en la historia humana fue motivado por la envidia. Balán fue el hombre que, por dinero, trató de dar falsas profecías acerca del pueblo de Dios, y tuvo que ser reprendido por su burro. Es increíble que un burro humille a un hombre y mostrara cómo era de esta forma. Me gusta esto. Digo a las esposas que se quejan de sus esposos que el Señor puede hablar a través de burros. Eso por lo general las convence de que el Señor les puede hablar a través de sus esposos. Pero esa es otra historia. Coré se rebeló contra Moisés, y usted sabe lo que le ocurrió. Hubo un terremoto, la tierra se abrió y Coré cayó adentro. La tierra volvió a cerrarse, y fue lo último que vimos de Coré. Se rebeló contra el liderazgo de Moisés. A estos hombres, con su falsa enseñanza, no les gusta la autoridad. Se rebelan contra la autoridad reconocida.

Después, su *carácter*. Afectarán el resto de los caracteres, porque han afectado el de ellos. Tenemos cuatro imágenes vívidas de un carácter inútil: nubes pasajeras que prometen lluvia, pero nunca la producen, árboles sin fruto que parecen que van a producir mucho fruto y no producen nada, sin raíz y sin fruto. Olas espumosas. ¿Alguna vez se paró en un muelle y observó cómo las olas entran trayendo un montón de restos, basura, espuma y tierra? No hay nada tan sucio como un mar de olas espumosas que llegan a la costa. Finalmente, estrellas fugaces. Cuando uno ve una estrella fugaz, tiene un gran brillo y luego desaparece en muy poco tiempo. Este es el carácter de estos falsos maestros. Parecen ser tan brillantes durante un tiempo muy breve, las personas los siguen, y luego desaparecen. Muy frecuentemente en la historia de la iglesia las personas han seguido a falsos maestros que han desaparecido rápidamente.

A menudo he contestado una pregunta por teléfono: ¿qué pienso de la última moda de Estados Unidos? Les digo:

"Pregúnteme en dos años". Nunca lo hacen, porque en dos años nadie está hablando de eso. Creo que sabe a lo que me refiero: la última moda cristiana que cruza el charco. De pronto, todos están hablando al respecto, y dicen: "¿Qué piensas de esto?" y "¿Qué piensas de aquello?". Me llaman como si fuera una especie de gurú, y quieren saber mi opinión. Si solo pudiéramos tratar todas las cosas así, en vez de decir de pronto que es el último grito de la moda, con todos los cristianos hablando de eso. ¡Estas modas! Son solo eso: modas, novedades. Manténgase con la "fe encomendada una vez por todas a los santos" y estará bien. No siga la última novedad, la última moda. No adquiera un "complejo de peregrinaje". ¿Dónde se está moviendo Dios? Debo ahorrar para un pasaje aéreo para ir a verlo. Nos enloquecemos por los peregrinajes, con grupos de cristianos que quieren ir aquí, allí y a todas partes en el mundo, para averiguar dónde Dios está obrando. Dios está aquí, y quiere trabajar aquí, si creemos en él. No necesitamos correr por todo el mundo para encontrar a Dios.

Estrellas fugaces. Y es aquí donde Judas se vuelve a la tradición judía, y menciona a Enoc y su profecía, que lamentablemente no está en la Biblia. Desearía que estuviera en ella. Enoc profetizó contra la gente impía. Esa palabra sigue apareciendo, cuatro veces en una oración en Judas. Lo que dicen los impíos en su camino impío, y cómo se comportan los impíos. Fue Enoc quien dio a su hijito (nacido cuando Enoc tenía 65 años) el nombre Matusalén: "cuando mueras, ocurrirá". ¡Qué nombre para poner a un niño! Luego, 969 años después, Matusalén murió, y el día que murió llegó la lluvia y toda una generación fue eliminada. Si tan solo hubieran escuchado a Enoc, el bisabuelo de Noé, habrían estado listos para el diluvio. Pero nadie escuchó.

Su *conversación*. Uno sabe las personas que debe evitar: las que entran a la iglesia y se convierten en quejosos, que hablan de sí mismas, jactanciosas y aduladoras. Esas son cuatro formas de conversación desagradables, y tarde o temprano ese cáncer se extenderá. Un quejoso produce otro quejoso. La adulación está fuera de lugar en una comunidad cristiana. Los cristianos no adulan a personas para beneficiarse. Su conversación las delata. Entonces se vuelve a la condenación de ellas en las escrituras. Judas dice que recuerden lo que enseñaron los apóstoles. Esto es exactamente lo que dijeron que ocurriría. Lea al apóstol Pablo. En una de sus cartas a Timoteo dice que en los últimos días las personas se burlarán. Escucharán solo a predicadores que le digan cosas agradables. Buscarán la novedad. No estarán interesadas en la fe encomendada de una vez por todas a los santos. Quieren conocer lo último.

Una señora me preguntó en la calle: "¿Qué es lo último de Dios?". Le contesté: "¿Quiere la respuesta de dos horas o la de cuatro horas?". Parecía no tener el tiempo suficiente, así que se fue. No esté interesado solo en lo último de Dios, la última idea o la última moda, la última "movida" de Dios, como se le dice ahora. Céntrese en la fe encomendada de una vez por toda a los santos. Aférrese a eso. Es una roca, y estará mucho más seguro.

El apóstol nos advierte que los burladores entrarían en la iglesia. Personas que son sarcásticas, que hacen chistes sobre cosas serias, personas que se mofan de los predicadores. Ocurre con tanta facilidad. Pero los apóstoles nos dijeron que ocurriría, y estaba ocurriendo aquí en la comunidad a la que escribe Judas.

Finalmente, su *compulsión*, su motivación. Son divisivas, y su ambición es dividir la comunión entre quienes las siguen y quienes no lo hacen. Siguen sus instintos naturales. ¡No tienen el Espíritu Santo! Y esa es la condenación final de estos hombres que se han introducido subrepticiamente. Han entrado con falsas enseñanzas, con un carácter débil, con una conducta inmoral. Han entrado con todo esto porque no tienen el Espíritu. Esa es la última palabra en la primera sección de la carta.

Vivir en el presente (20-23)

Ustedes (20-21)
Volvamos ahora a las otras dos secciones, mucho más cortas, de la carta. La cosa sigue, no solo en el tiempo de los lectores, sino en nuestros días. Hay falsos maestros en las iglesias hoy, que no están dispuestos a predicar o enseñar la fe encomendada de una vez por todas a los santos. En otras palabras, el Nuevo Testamento. Entonces, ¿cómo lo encaramos? ¿Qué hacemos al respecto? Encuentro aquí una omisión interesante en la carta de Judas. No les dice que hagan nada al respecto. No les dice que los hagan callar, no les dice que los echen, no les dice que los dejen solos. Yo hubiera pensado que nos hubiera dicho qué hacer cuando entran falsos maestros en nuestra iglesia. No dice que vayamos a otra iglesia. No dice nada. Tengan en cuenta que la carta de Judas habría sido leída en voz alta en la comunidad, así que estarían advertidos desde las escrituras y la tradición judía. Se les había dado suficientes advertencias en Judas. Ahora, me pregunto qué estarían pensando esos falsos maestros mientras se leía la carta. Espero que se hayan sentido completamente avergonzados. Espero que se hayan arrepentido de lo que habían estado enseñando. Pero mi triste experiencia es que no es fácil para personas así arrepentirse. Si no se arrepintieron, espero que hayan dejado la comunidad, hayan salido, llevándose su falsa enseñanza con ellos.

Edificación
Pero es interesante lo que dice Judas: "Quiero que se preocupen más por ustedes y por las víctimas de estos falsos maestros que por los falsos maestros mismos. Déjenlos a

Dios. Dejen que Dios los trate, y él lo hará. Dios ha notado lo que están haciendo, y no los dejará sin castigo". "La venganza es mía", dice el Señor. "Yo pagaré". Casi parece como si Judas está diciendo que dejemos a estos maestros a Dios, y que no tratemos de arreglar las cosas. Pero lo que sí dice es: "Aquí hay algunas cosas que tienen que hacer ustedes cuando ocurren estas cosas en la iglesia. Ante todo, edifíquense en la fe". ¿Cómo podemos hacer esto? Estudiando las escrituras por nuestra cuenta, alimentándonos de la fe encomendada una vez por todas a los santos.

   Agradezco a Dios por haber podido ayudar a tantas personas en iglesias donde no están recibiendo la enseñanza correcta, y quienes se han alimentado con CD y DVD, manteniendo su fe, edificándose en la fe. La palabra "edificar" viene de la misma palabra que "edificio". Uno se edifica estudiando la Palabra de Dios. Agradezco a Dios por el privilegio de estudiar la Palabra, para que las personas puedan edificarse en la fe, sea que estén recibiendo buena enseñanza en la iglesia o no. De hecho, hay iglesias que habrían sido cerradas por las autoridades, pero se han mantenido abiertas alimentando a las personas con DVD. Esto es realmente apasionante para mí.

Petición
Entonces, la primera preocupación para usted es: edificarse en la fe, estudiar la Palabra de Dios por su cuenta. Asegúrese de que su fe esté siendo edificada, no importa qué otra cosa esté siendo destruida. Esa es la primera cosa que debería hacer. Lo segundo es orar en el Espíritu. Nadie puede impedirle que ore. Ahora bien, orar en el Espíritu puede ser algo especial.

   Me da la impresión que es una referencia a orar en lenguas, porque ese es el don del Espíritu especialmente cuando uno no sabe cómo orar, cuando está tan desconcertado y atribulado por lo que está ocurriendo que no sabe cómo expresarlo en oración. Deje que el Espíritu tome el control, deje que él ponga las palabras en su boca. Ore en el Espíritu y él guiará sus labios al tipo de oración correcto. Tal vez ni siquiera sepa acerca de qué está orando, pero será el tipo de oración correcto para Dios. Esa es la principal razón de ese hermoso don de lenguas. Es un don saber cómo orar cuando uno sabe cómo orar, cuando uno no sabe simplemente por qué cosas orar. ¡Entonces ore en el Espíritu!

Sumisión
La tercera cosa es someterse, mantenerse en el amor de Dios. De nuevo, estos maestros estarán alejando a las personas del amor de Dios, pero usted manténgase en el amor de Dios. ¿Cómo hacerlo? Bueno, Jesús le dijo cómo hacerlo. Dijo: "Yo guardo los mandamientos de mi Padre y me mantengo en su amor. Ustedes guarden mis mandamientos y se mantendrán en mi amor". Es así como uno se mantiene en el amor de Dios, siendo obedientes y sumisos a Dios, obedeciendo lo que él le dice que haga. No escuche a seres humanos ni haga lo que ellos le dicen que haga. Escuche a Dios y haga lo que él le dice que haga. Es así como uno se mantiene en el amor de Dios.

Expectativa
¿Expectativa mientras espera qué cosa? Mientras espera la venida de Jesucristo. Todos los auténticos cristianos están esperando ansiosamente que aparezca Cristo. Él volverá, y es una de las principales motivaciones de la vida cristiana, el hecho de que volverá, que tomará el control. No importa los engañosos falsos maestros que haya habido, el verdadero Maestro volverá. Y usted lo está esperando. Mantenga fijos sus ojos en esto.

Otros (23)

Vacilantes
Esa es la forma que nos cuidamos cuando hay falsos maestros cerca. Pero también debemos preocuparnos por los otros, los que están siendo afectados por la enseñanza. Judas menciona tres categorías de personas. Primero, los que aún están vacilantes, que aún no están seguros si creer a los nuevos maestros o creer la antigua enseñanza. Vacilantes: personas sentadas en el cerco, pero sin saber qué camino tomarán. Debemos tener una actitud especial hacia ellas. Están en una verdadera duda mental, arrojadas de un lado a otro por todo viento de doctrina, dice Pablo. Ese es el efecto de los falsos maestros. Generan dudas, y las personas se sienten inseguras. Hay que ayudarlas, amarlas, mostrarles misericordia, prestarles una atención especial y tratar de edificarlas en la fe encomendada de una vez por todas a los santos. Hacer todo lo que uno pueda para ayudarlas. Conozco personas en iglesias que comenzaron un grupo de estudio bíblico en su hogar para ayudar a los vacilantes, para ayudarlos a volver a la verdad.

Díscolos
El segundo grupo son los que están en peligro mortal. Han avanzado un poco más lejos en la nueva enseñanza, y están en peligro mortal. Deben ser arrebatados, "secuestrados", tomados de cualquier forma posible y hacer que recapaciten antes que sea demasiado tarde: "un tizón arrebatado del fuego".

Malvados
Finalmente, están quienes se han entregado a la falsa enseñanza, quienes han sido convencidos y ahora comparten la vida inmoral de los falsos maestros. Igualmente, aparece la palabra "misericordia". Tenemos que ser misericordiosos

con los que han caído en esta enseñanza. Podríamos haber sido nosotros, pero fueron ellos, y debemos tener una compasión especial por ellos. Al mismo tiempo, uno no puede ayudar a alguien sin temer ser arrastrado. Hay un temor saludable en los cristianos, y Judas lo expresa de una forma muy directa aquí. Uno debe temer hasta su ropa interior contaminada. Esta es una aplicación muy directa y práctica. Están viviendo vidas inmorales, y tienen que haber contaminado hasta su ropa, así que tengan miedo ustedes mismos de la contaminación. Es un temor saludable. Sean misericordiosos con ellos, pero teman ser contaminados ustedes mismos. Un consejo muy práctico.

Mirar hacia el futuro (24-25)

El Dios capaz (24)
Y, finalmente, en esta breve carta, ¿le ha sorprendido cuánta enseñanza contiene, y cuánta ayuda tiene? Sin duda, me sorprendió a mí la primera vez que la estudié. Pero ahora, mire hacia el futuro y mire al Dios del futuro. Y tenemos este asombroso versículo que es el que más conocen los cristianos de toda la carta. Es un hermoso himno de alabanza a Dios. Hay dos cosas importantes acerca de este Dios que debemos mirar. Primero, es un Dios capaz: "Al único Dios, nuestro Salvador, que puede…" Ahora quiero que noten que la palabra es *puede*; no es la palabra *seguramente*. Dios no nos impedirá caer *seguramente*. No nos presentará sin tacha ante su gloriosa presencia seguramente. Pero *puede* hacerlo si nosotros estamos dispuestos. Ese es el gran "si". No hay ninguna enseñanza en mi Nuevo Testamento que diga "una vez salvo, siempre salvo"; lejos de esto. Pero él puede completar lo que ha empezado en usted. Él puede impedir que caiga. Él puede protegerlo. Él puede presentarlo sin tacha, y ese es todo el punto de la salvación: ser hechos

perfectos y ser presentados sin tacha ante su trono.

Simplemente para alivianar las cosas un poco, les cuento lo siguiente. Mi esposa es una gran creyente y, en un sentido, su fe es más sencilla que la mía; yo he leído demasiado. Pero hay una cosa que enseño que lleva a mi esposa realmente al borde de la incredulidad, y ocurre cuando le digo que un día su esposo será perfecto. Ahora, por alguna razón le cuesta creer esto. Llegó a decirme: "Si basara mi fe en la experiencia, no puedo creerlo. Pero intentaré basar mi fe en la Palabra de Dios". Dios puede hacerlo, pero eso no significa que lo hará. Tenemos que estar dispuestos a ser hechos perfectos. Por supuesto, tengo que creer que mi esposa un día será perfecta, pero eso es mucho más fácil de creer para mí que para ella en el otro sentido. Pero es para eso que lo salvó a usted. Él quiere hacerlo perfecto, y él no estará satisfecho con nada menos que eso. Él puede presentarlo sin tacha ante el trono de su majestad, y es lo que él quiere hacer. Por eso su salvación aún no está completa. Tampoco la mía. Estoy en el Camino de la Salvación, pero no estaré plenamente salvo hasta que sea perfecto, porque él quiere hacer un universo flamante, un nuevo cielo y una nueva tierra, pero solo pondrá en él personas que son perfectas. Las últimas hojas de la Biblia lo dejan bien claro. Nada contaminado podrá entrar, nada impuro. Nada imperfecto arruinará ese mundo para Dios, para otras personas o para ellas mismas. Es un lugar perfecto para personas perfectas, y *la salvación consiste en ser hechos sin tacha*.

Hay un lado negativo y positivo aquí. El lado negativo es que él puede impedir que caiga, y el lado positivo es que puede presentarlo sin tacha. La capacidad de Dios para hacer estas dos cosas es algo que nadie más tiene. Esta es su capacidad que aparece aquí. Es que no solo puede guardarlo. Ese es un solo lado de la historia. El otro lado es "manténganse en el amor de Dios". Hay dos lados en ser guardados. Él tiene una parte que cumplir, y nosotros, la otra. Él puede guardar, pero nosotros tenemos que estar dispuestos a ser guardados. Tenemos que seguir confiando. Uno no será guardado a menos que se mantenga en su amor.

Ahora bien, esta es la verdad de todo el Nuevo Testamento. ¿Sabe que hay más de ochenta advertencias en el Nuevo Testamento acerca de perder la salvación? ¡Más de ochenta! Dios no lo podría haber hecho más claro. Por eso Pablo, hacia el final de su vida, dice: "Él puede guardar lo que le he encomendado". Pero al mismo tiempo dice: "He guardado la fe". ¿Ve los dos lados? Van juntos en todo momento. Sí, nadie puede arrebatarlos de su mano, pero podemos saltar de su mano, porque los que son mantenidos en su mano, dice, son sus ovejas, "que oyen mi voz y me siguen". Si seguimos creyendo, él puede guardarnos de caer y presentarnos sin tacha. Él puede hacerlo.

Esa es su capacidad. Luego pasamos a su soberanía, su autoridad.

El único Dios (25)
Él es el único Dios. La palabra "sabio" se introdujo de alguna forma aquí. No dice que es el único Dios *sabio*, como si hubiera un montón de dioses *necios*. No quiere decir eso. Él es el único Dios, y a él pertenecen toda majestad, todo dominio, toda autoridad. Junto a su soberanía está su eternidad. Él fue, es y siempre será: siempre ahí. Mire a este Dios; quite su mirada de la falsa enseñanza. Quite su mirada de los que están engañando y destruyendo a la iglesia de Dios desde adentro. Fije sus ojos en él, que tiene la capacidad y la autoridad para que usted llegue a la perfección. Amén.

¿Sabe lo que significa "amén"? Significa "con certeza, seguramente, absolutamente". No es una especie de "amén", para nada. Es el afirmativo más fuerte en el idioma griego, y Jesús lo usaba constantemente. Decía "de cierto, de cierto" (verdaderamente, verdaderamente). Lo que decía en realidad era "amén, amén" (verdaderamente esto es cierto).

Casi hemos llegado al final. Después de haber hecho todo esto en mi preparación para el estudio, lo último que hago entonces es volver a traducir la carta a mi propio idioma. Lo hago escribiendo la carta en negro, dejando bastante espacio en medio, y luego escribo mi propia traducción o paráfrasis en rojo entrelíneas. Entonces sé que la he entendido. Cuando uno puede traducir parte de la Biblia a su propio idioma, ha entendido lo que quiere decir. Así que terminaré escribiendo toda la carta, en mi paráfrasis, que es lo que leí a las personas a las que les enseñé esta carta.

Esta carta es de Judas, uno de los esclavos comprados del Rey Jesús, y un hermano de Santiago, que todos ustedes conocen. Me dirijo a todos los que están ahí que han oído y respondido al llamado de Dios nuestro Padre, disfrutan del amor de su familia y han sido mantenidos a salvo hasta ahora mediante su relación con su Hijo, Jesús. Que puedan experimentar cada vez más su misericordia inmerecida, paz interior y cuidado amoroso.

Queridos amigos, tenía toda la intención de escribirles una nota de aliento acerca de la salvación maravillosa que ustedes y yo compartimos, pero ahora encuentro que debo enviar una solemne advertencia y apelación para que luchen por la antigua fe que fue dada primero a los creyentes una vez para siempre.

He escuchado que ciertos hombres, que quedarán sin nombrar, se han metido subrepticiamente en la comunidad de ustedes. No están en contacto con Dios. Su sentencia de condenación fue pronunciada y registrada muchísimo tiempo atrás.

Ellos distorsionan la gracia asombrosa de nuestro evangelio, convirtiéndola en una excusa para la inmoralidad descarada y la conducta indecente. Ellos niegan que el Mesías Jesús sea la única auténtica Cabeza y Señor de todos.

Ahora quiero recordarles algunos hechos que ya conocen, que nos advierten que no debemos jugar con Dios. Recuerden que sacó a toda una nación de la esclavitud en Egipto, pero destruyó a la mayoría de ellos porque no quisieron seguir confiando en él. Tampoco sus ángeles fueron absueltos más que su pueblo. Cuando algunos de ellos desertaron de su lugar y función correctos, los puso en custodia y los está manteniendo en el calabozo más bajo y oscuro hasta ser juzgados en el gran día del juicio. De igual forma, Sodoma y Gomorra se llenaron de desenfreno, añorando placeres prohibidos, como habían hechos los ángeles. Su destino, en el fuego que ardió tanto tiempo, es un presagio solemne para todos nosotros.

A pesar de estos ejemplos del pasado, estos intrusos abusan de sus propios cuerpos, desprecian la autoridad del Señor y ridiculizan a los ángeles en gloria. En contraste, cuando el arcángel Miguel discutió con el diablo acerca de la disposición del cuerpo de Moisés, no se atrevió a condenarlo por injurias directamente, sino que dijo simplemente: "¡El Señor es quien te reprenderá!". Sin embargo, estos hombres entre ustedes no titubean en injuriar lo que no entienden, y lo poco que entienden está basado en el instinto natural más que en la inspiración sobrenatural, como si fueran animales sin razón.

¡Pobre de ellos! Andan por el mismo camino que recorrió Caín. Se sumergen en el error garrafal de Balán, también para ganar dinero. Compartiendo la actitud rebelde de Coré, llegarán a la misma ruina. Piensan que son pastores, pero no están interesados en alimentar a las ovejas, sino solo ellos mismos.

Son como nubes impulsadas por el viento antes de dejar alguna lluvia, como árboles desarraigados en otoño, sin hojas ni fruta, bien muertos, como las olas salvajes del mar que rompen, arrojando la espuma de su conducta vergonzosa, como estrellas fugaces, destinadas a desaparecer por un "agujero negro" para siempre.

Fue acerca de personas como estas que Enoc, tan solo en la séptima generación después de Adán, hizo un anuncio profético: "¡Cuidado! El Señor viene con hordas de ángeles para ejecutar su sentencia sobre todas las personas impías por sus acciones impías que han hecho, y todas las palabras impías que han pronunciado, contra Dios mismo y su pueblo piadoso".

Estos infiltrados son refunfuñadores descontentos, siempre quejándose, que siguen sus propias ambiciones. Llenos de palabras grandilocuentes, usan incluso la adulación para lograr sus objetivos.

Pero ustedes, mis queridos amigos, tienen que recordar las sombrías predicciones de los apóstoles mismos. Dijeron que, al ingresar la historia en sus últimas etapas, habrá quienes desprecian la piedad, mientras buscan y practican todo lo contrario. El resultado será divisiones entre ustedes, iniciados por aquellos que siguen sus impulsos carnales, extraños al Espíritu Santo.

En cuanto a ustedes, mis queridos amigos, refuércense volviéndose maduros en su fe, orando de manera regular de la forma que los guíe el Espíritu. Manténganse dentro de los límites que Dios ha fijado en amor mientras esperan pacientemente el regreso de nuestro Señor Jesucristo y la vida eterna que traerá en nuevos cuerpos.

Traten amablemente a los que vacilan entre ustedes y los intrusos. Hagan todo lo que puedan para rescatar a los que ya se han pasado a ellos, como arrebatarían a un niño de una casa incendiada. Deben sentir compasión incluso por los villanos mismos, pero junto con esa compasión mantengan un temor saludable de contaminarse de ellos, aun por su ropa manchada.

Ahora adoremos a Aquel que puede guardarlos de caer en todo esto y permitirles pararse ante su trono glorioso intachables y jubilosos. Al único Dios que puede salvarnos y llevarnos a la gloria pertenecen el resplandor, la majestad, todo el poder y dominio, antes de todo el tiempo, a lo largo de la historia y por siempre jamás. ¡Completamente cierto!

ACERCA DE DAVID PAWSON

David es un orador y autor con una fidelidad intransigente a las Sagradas Escrituras, que trae claridad y un mensaje de urgencia a los cristianos para que descubran los tesoros ocultos en la Palabra de Dios.

Nació en Inglaterra en 1930, y comenzó su carrera con un título en Agricultura de la Universidad de Durham. Cuando Dios intervino y los llamó al ministerio, completó una maestría en Teología en la Universidad de Cambridge y sirvió como capellán en la Real Fuerza Aérea durante tres años. Pasó a pastorear varias iglesias, incluyendo Millmead Centre, en Guildford, que se convirtió en modelo para muchos líderes de iglesia del Reino Unido. En 1979 el Señor lo llevó a un ministerio internacional. Su actual ministerio itinerante está dirigido principalmente a líderes de iglesia. David y su esposa Enid viven actualmente en el condado de Hampshire, Inglaterra.

A lo largo de los años ha escrito una gran cantidad de libros, folletos y notas de lectura diarias. Sus extensas y muy accesibles reseñas de los libros de la Biblia han sido publicadas y grabadas en "*Unlocking the Bible*" (*Abramos la Biblia*). Se han distribuido millones de copias de sus enseñanzas en más de 120 países, proveyendo un sólido fundamento bíblico.

Es considerado como "el predicador occidental más influyente de China" a través de la transmisión de su exitosa serie "*Unlocking the Bible*" a cada provincia de China por Good TV. En el Reino Unido, las enseñanzas de David se transmiten habitualmente por Revelation TV.

Incontables creyentes de todo el mundo se han beneficiado también de su generosa decisión en 2011 de poner a disposición sin cargo su extensa biblioteca audiovisual de enseñanza en www.davidpawson.org. Hemos cargado también hace poco todos los videos de David a un canal dedicado en **www.youtube.com**

VEA EN YOUTUBE
www.youtube.com/user/DavidPawsonMinistry

LA SERIE EXPLICANDO
VERDADES BIBLICAS EXPLICADAS SENCILLAMENTE

Si usted ha sido bendecido al leer, ver o escuchar este libro, hay más disponibles en la serie. Por favor regístrese y descargue más libritos visitando **www.explicandoverdadesbiblicas.com**

Otros libritos en la serie *Explicando* incluirán:
La historia asombrosa de Jesús
La unción y la llenura del Espíritu Santo
La resurrección: *El corazón del cristianismo*
El estudio de la Biblia
El bautismo del Nuevo Testamento
Cómo estudiar un libro de la Biblia: Judas
Los pasos fundamentales para llegar a ser un cristiano
Lo que la Biblia dice sobre el dinero
Lo que la Biblia dice sobre el trabajo
Gracia: ¿*Favor inmerecido, fuerza irresistible o perdón incondicional?*
¿Eternamente seguros?
Tres textos que suelen tomarse fuera de contexto: *Explicando la verdad y exponiendo el error*
LaTrinidad
La verdad sobre la Navidad

Tambien nos encontramos en proceso de preparar y subir estos libritos que puedan ser comprados como copia impresa de:

www.amazon.co.uk o **www.thebookdepository.com**

ABRAMOS LA BIBLIA

Una reseña única del Antiguo y el Nuevo Testamento del internacionalmente aclamado orador y autor evangélico David Pawson. *Abramos la Biblia* abre la palabra de Dios de una forma fresca y poderosa. Pasando por alto los pequeños detalles de los estudios versículo por versículo, expone la historia épica de Dios y su pueblo en Israel. La cultura, el trasfondo histórico y las personas son presentados y aplicados al mundo moderno. Ocho volúmenes han sido reunidos en una guía compacta y fácil de usar que cubren el Antiguo y el Nuevo Testamento en una única edición gigante. El Antiguo Testamento: *Las instrucciones del fabricante* (Los cinco libros de la Ley), *Una tierra y un reino* (Josué, Jueces, Rut, 1-2 Samuel, 1-2 Reyes), *Poesías de adoración y sabiduría* (Salmos, Cantares, Proverbios, Eclesiastés), *Declinación y caída de un imperio* (Isaías, Jeremías y otros profetas), *La lucha por sobrevivir* (1-2 Crónicas y los profetas del exilio) – El Nuevo Testamento: *La bisagra de la historia* (Mateo, Marcos, Lucas, Juan y Hechos), *El decimotercer apóstol* (Pablo y sus cartas), *A la gloria por el sufrimiento* (Apocalipsis, Hebreos, las cartas de Santiago, Pedro y Judas).

JESÚS
LAS SIETE
MARAVILLAS
DE SU
HISTORIA

Este libro es el resultado de toda una vida de contar "la más grande historia jamás contada" por todo el mundo. David la volvió a narrar a varios cientos de jóvenes en Kansas City, EE.UU., que escucharon con un entusiasmo desinhibido, "twiteando" por Internet acerca de este "simpático caballero inglés" mientras hablaba.

Tomando la parte central del Credo de los Apóstoles como marco, David explica los hechos fundamentales acerca de Jesús en los que está basada la fe cristiana de una forma fresca y estimulante. Tanto los cristianos viejos como nuevos de beneficiarán de este llamado a "volver a los fundamentos", y encontrarán que se vuelven a enamorar de su Señor.

OTRAS ENSEÑANZAS
POR DAVID PAWSON

Para el listado más actualizado de los libros de David ir a: **www.davidpawsonbooks.com**

Para comprar las enseñanzas de David ir a: **www.davidpawson.com**

www.ingramcontent.com/pod-product-compliance
Lightning Source LLC
Chambersburg PA
CBHW071040080526
44587CB00015B/2707